Menschen in DACH

−10 Themen aus den deutschsprachigen Ländern−

2023

Diana Beier-Taguchi • Masatoshi Tanaka

ASAHI Verlag

音声・Einblicke映像ストリーミング

https://text.asahipress.com/free/german/DACH2023/

※「固有名詞リスト」と各章の「文章全体把握のために」もこちらのページからダウンロードできます。

音声ダウンロード

音声再生アプリ「リスニング・トレーナー」

朝日出版社開発の無料アプリ、「リスニング・トレーナー（リストレ）」を使えば、教科書の音声をスマホ、タブレットに簡単にダウンロードできます。どうぞご活用ください。

まずは「リストレ」アプリをダウンロード

› App Store はこちら

› Google Play はこちら

アプリ【リスニング・トレーナー】の使い方

❶ アプリを開き、「**コンテンツを追加**」をタップ

❷ QRコードをカメラで読み込む

❸ QRコードが読み取れない場合は、画面上部に **25464** を入力し「Done」をタップします

QRコードは㈱デンソーウェーブの登録商標です

固有名詞（地名・人名など）の表示について

本書では、読者の理解の助けとなるよう、下記の固有名詞について、字体と文字色を区別して表示しています（章ごとに、初出の語に適用）。また、略説付きの固有名詞リストを上記ストリーミングサイトにご用意しています。

例　Die deutsche Bundesinnenministerin Nancy Faeser (SPD) rät deshalb den Bundesbürgerinnen und -bürgern, einen Notvorrat anzulegen. Vor

【注】実際の文章に下線はありません。

国名・地域名・都市名（次を除く：Deutschland, Österreich, die Schweiz, Japan, Berlin, München, Hamburg）・人名・団体名・建物名・キャラクター名・略語（一部）　など

まえがき

本シリーズでは、毎年、ドイツ語圏の人々の暮らしや社会についての 10 のトピックを取りあげます。読解テキストに続いて、文法確認や語彙の定着を図る練習のほか、ランデスクンデについての課題を豊富に用意し、社会制度や文化について自発的な学習ができるように工夫してあります。

現代を生きる地球市民に必要なことは、言語も社会制度・世界観・生活習慣も異なる他者と共存するために、互いを尊重し、互いに理解しあうことです。同一言語圏であっても、あるいは一つの家族の構成員であっても、個人個人が異文化の集まりです。ドイツ語という共通の言語を使う言語圏の中にも、地域や個人の立場によって価値観や考え方が違うこと、そしてその違いを知ることが大切であり、近年の DaF（外国語としてのドイツ語）教育の場面でも、人工的な例文ではなく、学習者が追体験できるような日常に根ざした表現を学ぶなど、言語と文化理解は不可分で展開されています。

書名„Menschen in DACH“にあるDACHは、D（ドイツ）、A（オーストリア）、CH（スイス）を指す語ですが、この 3 ヵ国以外にも、本書ではリヒテンシュタイン、ベルギー、ルクセンブルク、南チロルも含め、ドイツ語圏の多様性にアプローチしています。Demmig et al.（2013）* では、ドイツ語圏の多様性を、DACHの複数形、DACHs という表現で表そうと試みています。Demmig et al. のアイデアから、本書のマスコットにもアナグマ（Dachs）を採用しました。

本書の巻末には、言語使用に関するトレンドやルール、表現の由来など、ドイツ語に関する発展的なコラム（„AHA-Box“）を用意しました。„Einblicke“ のコーナーでは、10 のテーマのうちのいくつかについて、現地（ドイツ語圏）の「今」が知れる写真やインタビュー音声、動画が用意されています。

みなさんのドイツ語の学び、またドイツ語圏の知識が深まりますよう、本書がそのお手伝いをできれば幸いです。

2023 年新春
Diana Beier-Taguchi・田中雅敏

*Demmig, S./ Hägi, S./ Schweiger, H.（2013）: *DACH-Landeskunde – Theorie – Geschichte – Praxis*. Iudicium: München.

ドイツ語圏略地図 （■はドイツ語使用地域）

Inhaltsverzeichnis

KAPITEL 01 Hamstern als Pflicht?

hamstern「ハムスターになる」っていったい…？
突発的な買いだめではなく、日頃の非常用備蓄を！

Ein Hamster ist ein kleines Nagetier, das in seinen Backen einen großen Vorrat ansammeln kann, um diesen dann in seinem Bau zu verstecken. So schafft es dieses kleine Tierchen auch in den kalten Jahreszeiten zu überleben.

Zu Beginn der Corona-Pandemie gerieten viele Menschen in Panik[1] und kauften vor allem lang haltbare[2] Lebensmittel wie Pasta und Konserven, aber auch sehr viel Toilettenpapier. Dieses Verhalten[3] wird „hamstern“ genannt. Die Bilder von den leeren Supermarktregalen schürten Angst. Viele Leute fragten sich, ob die landesweite[4] Versorgung an Lebensmitteln und Medikamenten auch in Krisenzeiten ausreicht.

---

❶ in Panik geraten「パニックに陥る」 ❷ haltbar「長期保存可能な」。halten「保つ」に -bar（～が可能な）がついた派生語 ❸ das Verhalten「行為・行動」 ❹ landesweit「州全域の」。「国全域の」は bundesweit

Nachdem sich die Lage in den Supermärkten, Drogerien und Apotheken wieder entspannt[5] hatte, scherzte man über die eifrigen Klopapier[6]-Hamster. Es gab im Internet sogar scherzhafte Rezepte für Pasta mit Klopapiervariationen. Doch gab es immer wieder kleinere Wellen, in denen nicht alle Produkte erhältlich waren, weil die Menschen ihr Kaufverhalten nach den Nachrichten richteten. Somit ist es nachvollziehbar, dass mit dem Angriff **Russland**s auf die **Ukraine** die Angst vor einer Versorgungskrise[7] wieder da ist. Versorgungsengpässe[8] waren nie so realistisch wie in dieser Zeit.

Die deutsche Bundesinnenministerin **Nancy Faeser** (**SPD**) rät deshalb den Bundesbürgerinnen und -bürgern, einen Notvorrat anzulegen. Vor allem ärmere Menschen stören sich[9] an dem Vorschlag. Für sie sei es kaum realisierbar, all die Dinge zu besorgen, die auf der Liste des **BBK**s (Bundesamt für Bevölkerungsschutz und Katastrophenhilfe) stehen.

In der Schweiz hingegen ist die Idee eines Notvorrats nicht neu, sondern schon sehr lange Teil des Alltags. Neben den Pflichtlagern[10] des Landes sind auch die Schweizerinnen und Schweizer seit Langem dazu angehalten[11], einen Vorrat anzulegen. Nach Ausbruch des Ersten Weltkriegs verloren die Menschen die Nerven und kauften die Geschäfte leer. Vor allem Konserven, Reis und Kaffee waren nicht mehr erhältlich[12], sodass die Regierung Lebensmittel rationieren musste.

Ende des Ersten Weltkriegs erstellte der Schweizer Verein für die

---

❺ die Lage entspannt sich「緊張状態がほぐれる、状況が緩和される」 ❻ das Klopapier Toilettenpapier に同じ。Klo が Toilette の同義語 ❼ die Versorgungskrise「(エネルギーや物品などの)供給が不足する危機」 ❽ der Engpass「狭い通過路」。ここでは「窮状・ネック」の意味 ❾ sich stören「気に障る」 ❿ das Pflichtlager「義務化された (法定の) 倉庫」、または広く備蓄行為を指す ⓫ jn[4] zu ～ [3]an|halten「… [4]を～[3]するように促す・励ます」。ここでは、状態受動になっている。 ⓬ erhältlich sein「入手可能な」 ⓭ der Schweizer Verein für die deutsche Sprache「スイス・ドイツ語協会」

deutsche Sprache (SVDS)[13], damals noch Deutschschweizerischer Sprachverein, eine Liste mit Wörtern, die der Krieg geprägt hatte. Auf der Liste steht das Wort „hamstern“. Auch während des Zweiten Weltkriegs wurde gehamstert. Nach 1945 wurde der Zivilschutz[14] gegründet. Dieser sollte die Bevölkerung dazu erziehen, Notvorräte im Haus zu haben, damit Versorgungsengpässe während einer Krise nicht mehr vorkommen. Beinhalten sollte der Notvorrat zwei Kilogramm Zucker, zwei Kilogramm Reis, einen Liter Öl und ein Kilo Fett. Man sollte ihn aber mit Teigwaren[15], Mehl, Konserven und anderen Dingen ergänzen. Hintergrund war der Kalte Krieg[16] und auch die Angst vor einem atomaren Krieg[17].

Die damals gängigen[18] Rollenbilder wurden sehr stark durch dieses Pflichtbewusstsein geprägt. Historikerin **Sibylle Marti** äußerte sich dazu folgendermaßen: „In den Kampagnen für den Notvorrat widerspiegelte[19] sich die traditionelle Geschlechterordnung der Schweizer Nachkriegszeit.“ In einer Broschüre von 1960 konnte man beispielsweise folgenden Satz finden: „Sein Gewehr pflegt der Soldat, die Hausfrau sorgt für Notvorrat.“

Selbst in den Achtzigerjahren und auch gegen Ende des Kalten Kriegs wurde der Notvorrat weiter beworben. Während der Corona-Krise wurde dieser wieder öffentlich thematisiert. Im Zuge des russischen Angriffskriegs[20] ist der Notvorrat jedoch auch außerhalb der Schweiz zum Diskussionsthema geworden.

⓮ der Zivilschutz「民間自衛（救援）活動、またその活動団」 ⓯ die Teigwaren (*pl.*)「小麦粉などを練った練り粉製品」。パスタ、麺類、パイなど ⓰ der Kalte Krieg「冷戦」。第二次世界大戦後の世界を二分した、西側諸国と東側諸国との戦火を伴わない対立構造 ⓱ ein atomarer Krieg「核戦争」。atomar「原子力の・核兵器の」 ⓲ gängig「通用している、慣用の」 ⓳ sich[4] in ～[3] wider|spiegeln「～[3]の中に反映されている・投影している」。分離動詞であるが、スイスドイツ語では分離動詞であっても分離させずに使われる場合もあり、ここでは分離していない ⓴ der Angriffskrieg「侵略戦争」

Übungen und Aufgaben

Grammatik

次の A と B を格変化（単数・複数）させましょう。

A

	単数	複数
1格	dieses kleine Tierchen	
2格		
3格		
4格		

B

	単数	複数
1格	ein atomarer Krieg	
2格		
3格		
4格		

Lexik

1. ドイツ語の語彙を調べましょう。

a) Welche Nagetiere kennen Sie noch?

b) Welche Maßeinheiten kennen Sie noch außer Kilogramm und Liter?

2. 次の語句の意味を確認しましょう。

a) vor allem　b) immer wieder　c) Angst vor ～[3]

d) nicht ..., sondern ～　e) Angst schüren　f) die Nerven verlieren

g) nachvollziehbar　h) im Zuge

Landeskunde

次の質問に答えてみましょう。

1. Für welche Krisen oder Katastrophen ist es sinnvoll, einen Notvorrat anzulegen?
2. Was sollte der von der japanischen Regierung empfohlene Notvorrat beinhalten?
3. Haben Sie einen Notvorrat? Wenn ja, was beinhaltet er? Wenn nein, warum haben Sie keinen Notvorrat?

KAPITEL 02 Der letzte große Wunsch – Wie ein Projekt todkranken Menschen noch einmal Freude schenkt

最期に叶えたい願いは何ですか？　重病患者の願いを叶えるワゴンカーがドイツを走ります

Es ist das Normalste der Welt, große Wünsche zu haben: Einmal mit Delfinen zu schwimmen. Einmal einen Fallschirmsprung[1] zu wagen oder vielleicht sogar eine Reise ins Weltall[2] zu machen. Irgendwann findet man Zeit und Geld, um sich seine Wünsche zu erfüllen. Doch todkranken[3] Menschen fehlt die Zeit und oft auch das Geld für den letzten großen Wunsch. Um ihnen noch einmal ein bisschen Glück zu schenken, wurde 2014 das Projekt „Wünschewagen" des **Arbeiter-Samariter-Bundes (ASB)** gegründet. Mit dem „Wünschewagen" sollen die letzten Wünsche erfüllt werden, die oft gar nicht so spektakulär[4] sind. Allerdings erscheinen sie für Menschen mit schweren Krankheiten oft unerreichbar: Noch einmal beim Lieblingsitaliener[5] zu essen. Das letzte Mal das Meer mit den eigenen

---

❶ der Fallschirmsprung「パラシュート降下」 ❷ das Weltall「宇宙空間」 ❸ todkrank「余命宣告された病気の、危篤の」 ❹ spektakulär「華々しい」

Augen zu sehen oder die ganze Familie zu treffen.

Der „Wünschewagen" erfüllte bisher Tausende von Wünschen. 11

So durfte die kleine Magdalena (7) noch einmal mit ihrer Familie in 15 den Zoo gehen, um ihre Lieblingstiere[6], die Bären, zu sehen. Magdalena hatte einen Tumor und musste in ihrem jungen Leben sehr viele Schmerzen erdulden. Ihre Lieblingstiere haben ihr dabei viel Kraft und Mut[7] gegeben. Denn so bärenstark[8] wollte sie auch sein. Auch der Wunsch von Angela (54), die an einer aggressiven Form von Multipler Sklerose[9] erkrankt ist, 20 ging in Erfüllung. Sie wollte noch einmal ihren Lieblingsstar, die deutsche Sängerin **Sarah Connor**, treffen. Auf Angelas Beerdigung[10] soll das Lied „Das Leben ist schön" des deutschen Popstars gespielt werden. Angela stand mitten im Leben, als die Krankheit bei der damals 34-Jährigen diagnostiziert[11] wurde. Dennoch ist sie dankbar für all die schönen 25 Momente in ihrem Leben. **Christopher Loos**, ein Fahrer des „Wünschewagen"-Teams **Wiesbaden**, sagt, dass man genau dies von den Patientinnen und Patienten lernt: Demut[12] vor dem Leben. „Man denkt dann immer darüber nach, wie gut man es hat", sagte er in einem Interview.

30 Die Idee des „Wünschewagens" kommt aus den **Niederlanden**. 12 Mittlerweile verfügt jedes deutsche Bundesland über ein eigenes „Wünschewagen"-Team. Hunderte ehrenamtliche[13] Helferinnen und Helfer versuchen das Unmögliche möglich zu machen. Der „Wünschewagen" ist

---

❺ der Lieblingsitaliener「好んでよく行っているイタリア人の店」。Italiener は文字通り「イタリア人」でイタリア人の料理人（店主）のこと ❻ die Lieblingstiere (*pl.*)「好きな動物たち」Lieblings... を付けることによって「好きな・好みの〜」とできることは、Lieblingsitaliener と同じ ❼ der Mut（複数形なし）「勇気」 ❽ bärenstark「熊のように（激しく）強い」 ❾ eine aggressive Form von Multipler Sklerose「攻撃性の多発性硬化症」。多発性硬化症は、脳と脊髄、目の神経に問題が起こる病気 ❿ die Beerdigung「埋葬、葬儀」 ⓫ diagnostizieren「診断する」 ⓬ die Demut「謙遜、へりくだり」 ⓭ ehrenamtlich「名誉職の・無給の」

ein umgebauter[14] Krankenwagen[15], der mit medizinischen Geräten[16], aber auch mit besonderen Stoßdämpfern[17], einer Musik- und Lichtanlage[18], die eine beruhigende Atmosphäre schafft, ausgestattet[19] ist. Die schwerkranken[20] Personen können so liegend transportiert werden. Es fährt auch immer eine Sanitäterin[21] oder ein Sanitäter[21] mit, die oder der den Zustand der Patientin oder des Patienten beobachtet. Oft kommt auch eine Pflegerin[22] oder ein Pfleger[22] mit, um Medikamente zu verabreichen oder Schmerzen zu lindern[23]. Insgesamt 23 solcher umgebauten Krankenwagen fahren bereits durch Deutschland. Ein Wagen kostet um die 100 000 Euro. Das Projekt wird durch Spenden[24] finanziert. Die Arbeit der „Wünscheerfüller“ findet auch politisch immer mehr Anerkennung, so z.B. vom ehemaligen[25] Gesundheitsminister **Jens Spahn** (**CDU**) oder vom Bundespräsidenten **Frank-Walter Steinmeier** (**SPD**).

13

Unter dem Namen „Samariter-Wunschfahrt“ gibt es dieses Projekt mit 177 ehrenamtlichen Helferinnen und Helfern auch in Österreich. In der Schweiz gibt es die „Wunschambulanz“, die seit 2017 bereits über 400 Wünsche erfüllen konnte.

⑭ umgebaut「改造された」。um|bauen「改築・改造する」の過去分詞 ⑮ der Krankenwagen「救急車、患者輸送車」 ⑯ medizinische Geräte (*pl.*)「医療用機器」 ⑰ der Stoßdämpfer「緩衝器」 ⑱ die Musik- und Lichtanlage「音楽や光の装置」。音や光の効果で輸送する患者がリラックスできるための装置 ⑲ ausgestattet sein「調度の調えられた」 ⑳ schwerkrank「重病の」 ㉑ der/die Sanitäter/in「救急隊員」 ㉒ der/die Pfleger/in「看護師」(Krankenpfleger/in) ㉓ lindern「鎮める」 ㉔ die Spende「寄附」 ㉕ ehemalig「かつての」

Übungen und Aufgaben

Grammatik

次の A と B が述べている内容がほぼ同じになるよう、空欄に適切な語を入れましょう。

1 A: Der „Wünschewagen“ erfüllte bisher Tausende von Wünschen.

B: Mit dem Wünschewagen ______________ bisher Tausende von Wünschen erfüllt.

2 A: Unter dem Namen „Samariter-Wunschfahrt“ gibt es dieses Projekt mit 177 ehrenamtlichen Helferinnen und Helfern auch in Österreich.

B: In Österreich hat dieses Projekt ______________ Namen „Samariter Wunschfahrt“ und 177 ______________ Helferinnen und Helfer ______________ an ______________ Projekt teil.

Lexik

次の表現の意味を確認しましょう。

a) Zeit finden

b) sich seine Wünsche erfüllen

c) Glück schenken

d) Schmerzen erdulden/erleiden

e) in Erfüllung gehen

f) mitten im Leben stehen

g) das Unmögliche möglich machen

h) Anerkennung finden

Landeskunde

以下の設問を読み、インターネットや本で調べましょう。

1. Wie heißen die 16 deutschen Bundesländer und ihre Hauptstädte? Tragen Sie die Namen in die Deutschlandkarte ein. ⇒ S. 10
2. Wie heißt das größte Bundesland?
3. Wie heißt das kleinste Bundesland?
4. Welches Bundesland hat die meisten Einwohner?
5. Was ist ein Samariter?
6. Was ist Ihr größter Wunsch?
7. „Berufealphabet“: Finden Sie für jeden Buchstaben einen Beruf. Beispiel: A wie Arzt

Übungen und Aufgaben

KAPITEL 02 **Landeskunde** 1. (S. 9)

ドイツ各州の名前とその州都を、調べて書きましょう。

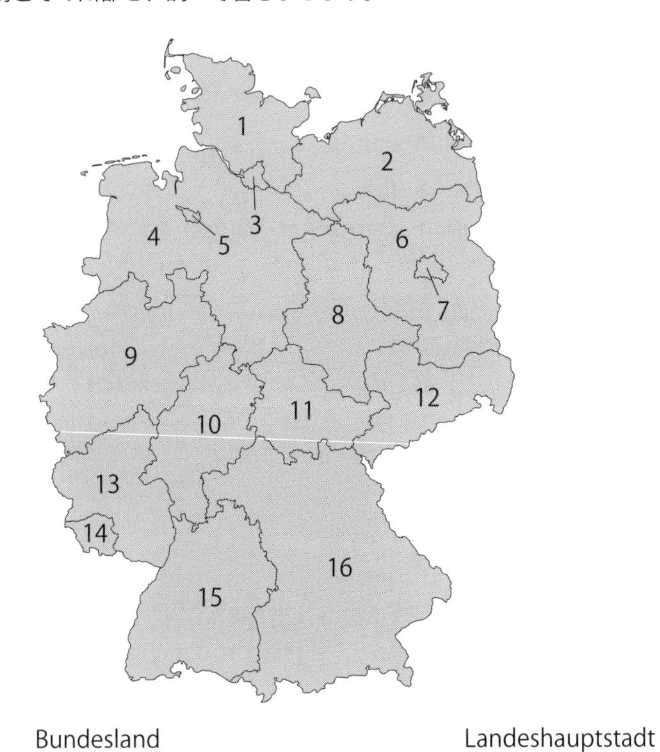

	Bundesland	Landeshauptstadt
1		
2		
3		
4		
5		
6		
7		
8		
9		
10		
11		
12		
13		
14		
15		
16		

Übungen und Aufgaben

KAPITEL 09 **Quiz** (S. 41)

スイス各州（カントン）の名前を調べて、書きましょう。

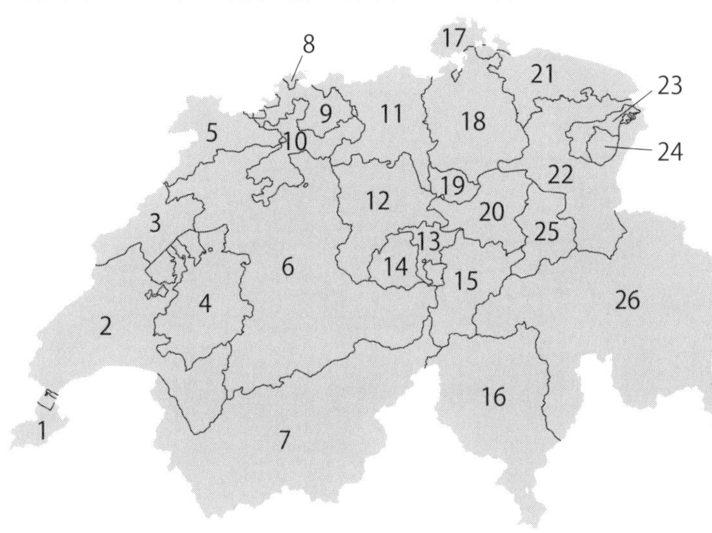

Aargau	Graubünden	St. Gallen
Appenzell Ausserrhoden	Jura	Tessin
Appenzell Innerrhoden	Luzern	Thurgau
Basel-Landschaft	Neuenburg	Uri
Basel-Stadt	Nidwalden	Waadt
Bern	Obwalden	Wallis
Freiburg	Schaffhausen	Zürich
Genf	Schwyz	Zug
Glarus	Solothurn	

1	Genf	2	
3		4	
5		6	
7		8	
9		10	
11		12	
13		14	
15		16	
17		18	
19		20	
21		22	
23		24	
25		26	

KAPITEL 03 Ausstieg aus dem Atomausstieg?

**3.11 を受けて決まったドイツの 2022 年末全原発停止
このエネルギー危機をどう乗り越えるのか**

Der Atomunfall[1] im März 2011 in Fukushima entfachte erneut die Diskussion um die Sicherheit der Atomkraftwerke[2] in Deutschland. Es wurde sich relativ schnell für einen Ausstieg[3] aus der Atomkraft entschlossen. Hierfür wurde ein Gesetz erlassen, welches besagt, dass bis zum 31.12.2022 die 17 deutschen Meiler[4] vom Stromnetz[5] genommen werden müssen. Die ältesten Atomkraftwerke wurden bereits 2011 heruntergefahren[6]. Nach und nach folgten weitere AKWs. Die letzten drei Meiler, die 6,4 Prozent des Stroms in Deutschland erzeugen, sollen nun bis Ende 2022 ihren Betrieb einstellen. Danach würde der Rückbau[7] beginnen.

➡ S.47 AHA-BOX

Doch im Jahr 2011 ahnte noch niemand, dass **Russland** einen

---

❶ der Atomunfall「原発事故」 ❷ das Atomkraftwerk「原子力発電所 (㊣AKW)」 ❸ der Ausstieg ここでは「離脱」。原子力エネルギーから脱却すること ❹ der Meiler ここでは「原子炉 (Atommeiler)」のこと ❺ das Stromnetz「電力網」 ❻ herunter|fahren 電源を落としてシャットダウンすること (⇔ hoch|fahren) ❼ der Rückbau「解体、取り壊し」

Angriffskrieg gegen die **Ukraine** führen würde. Die Solidarität[8] mit den Ukrainerinnen und Ukrainern war groß. Schnell folgten Sanktionen[9] gegen Russland. Doch infolge der Sanktionen wurde deutlich, wie abhängig man von den Lieferungen fossiler Energien[10] aus Russland ist. Falls Russland seine Gaslieferungen[11] komplett einstellen oder noch weiter drosseln[12] würde, könnte es durchaus möglich sein, dass die Energie zum Heizen[13], die vor allem aus Gas gewonnen wird, knapp werden könnte. Im August 2022 waren die Gasspeicher[14] nur zu 66 Prozent gefüllt.

Die wichtigste Stromquelle[15] Deutschlands ist aber die Windkraft[16]. Doch befinden sich die Windräder[17] vor allem im Norden der Republik. Regionen wie **Bayern** haben kaum Windparks[18], weswegen sie stärker von anderen Energien abhängig sind. Deshalb ist es nicht verwunderlich, dass sich der bayerische Ministerpräsident **Markus Söder (CSU)** für den Weiterbetrieb[19] der letzten drei AKWs ausspricht. Der bayerische Meiler ***Isar II*** erzeugt bekanntermaßen für das Bundesland 15 Prozent Strom. Der Strom der Atomkraftwerke würde zwar nicht zum Heizen verwendet werden, aber der Weiterbetrieb der drei Meiler würde 4,5 Millionen 4-Personen-Haushalte[20] für ein Jahr mit Strom versorgen und somit die schrumpfenden[21] Gasstände entspannen. Es gibt überdies Personen, die das Hochfahren[22] der im Jahr 2021 abgeschalteten drei AKWs befürworten.

Sind ein Weiterbetrieb und sogar das Hochfahren von bereits

---

❽ die Solidarität「連帯（感）、仲間意識」 ❾ die Sanktion「制裁」 ❿ fossile Energien (*pl.*)「石油などの化石燃料エネルギー」 ⓫ die Gaslieferung「ガスの供給」 ⓬ drosseln「導管（たとえばガスパイプライン）内の流通量を絞る、抑制する」 ⓭ das Heizen「暖房する」 ⓮ der Gasspeicher「ガス貯蔵タンク」 ⓯ die Stromquelle「発電を生み出す源」 ⓰ die Windkraft「風力」。ここでは「風力発電」のこと ⓱ das Windrad 風力発電の風車。「風力機」 ⓲ der Windpark 風力機が集合的に配置されたエネルギーパーク。「ウィンドファーム」（➡ S.47） ⓳ der Weiterbetrieb「継続操業」。ここでは原子炉を止めずに操業を続けること ⓴ der 4-Personen-Haushalt「4人家族世帯」 ㉑ schrumpfend schrumpfen（収縮する・減少する）の現在分詞 ㉒ hoch|fahren 電源が入ること（⇔ herunter|fahren） abgeschalteten Meilern möglich und wäre dies eine Lösung der deutschen Energiekrise[23]? Expertinnen und Experten sehen dies durchaus kritisch. Zum einen wären da immer noch die Sicherheitsbedenken[24] und das Problem rund um den Atommüll[25], zum anderen mangelt es an Brennstäben[26]. Neue Brennstäbe müssten bis Sommer 2023 geliefert werden, damit die AKWs ab Herbst 2023 ausreichend Strom erzeugen könnten. Bis dahin müsste die Leistung um Monate gedrosselt werden, um die alten Brennstäbe zu schonen[27], so die Expertinnen und Experten. Damit könnte man allerdings fast keine Energie erzeugen. Zudem müsste das Gesetz für den Weiterbetrieb vom Bundestag[28] geändert werden und hierfür bedarf es vieler Prüfungen, wie beispielsweise eine erneute Umweltverträglichkeitsprüfung[29]. Außerdem haben die AKWs Schadenersatz[30] für das Abschalten der Reaktoren[31] erhalten und schließlich würde es an gut ausgebildetem Personal fehlen.

Die Diskussion um den Ausstieg aus der Atomkraft ist noch nicht vom Tisch, denn über viele Alternativen verfügt Deutschland momentan nicht. Bisher forderte der Bundeswirtschaftsminister **Robert Habeck** (**Bündnis 90/Die Grünen**) die Deutschen auf, vor allem ab Herbst im Alltag stärker Strom zu sparen und weniger zu heizen.

㉓ die Energiekrise「エネルギー危機」。ここでは天然ガス供給量が低下することによって電力不足に陥る危険性（危機）のこと ㉔ das Bedenken「疑念・懸念」。Sicherheitsbedenken「安全性に対する疑念」 ㉕ der Atommüll「放射性廃棄物」。いわゆる核ゴミ ㉖ der Brennstab「燃料棒」。原子炉においては中性子をあてることで核分裂を起こさせ、そのときに発生する熱を利用して発電する ㉗ schonen「いたわる・大切に使う」 ㉘ der Bundestag「連邦議会」。下院に相当。上院は Bundesrat（連邦参議院） ㉙ die Umweltverträglichkeitsprüfung「環境アセスメント」。環境に合っているかの評価テスト ㉚ der Schaden[s]ersatz「損害補償」 ㉛ der Reaktor「原子炉（核反応装置）」

Übungen und Aufgaben

Grammatik

次の **A** と **B** がほぼ同じ意味になるように、空欄に適切な語を入れましょう。

1. A: an gut ausgebildetem Personal

   B: an Personal, __________ gut ausgebildet __________

2. A: das Hochfahren von bereits abgeschalteten Meilern

   B: das Hochfahren von Meilern, __________ bereits __________ worden sind

Lexik

1. 次の語（句）の意味を調べましょう。

a) die/eine Diskussion entfachen

b) den Betrieb einstellen

c) infolge ～[2]

d) von ～[3] abhängig sein

e) sich für ～[4] aussprechen

f) ～[4] befürworten

g) ～[4] kritisch sehen

h) es bedarf ～[2]

i) (nicht) vom Tisch sein

2. 次の **A** と **B** がほぼ同じ意味になるように、空欄に適切な語を入れましょう。

A: Die Gasspeicher waren nur zu 66 Prozent gefüllt.

B: Die Gasspeicher waren nur zu circa zwei __________ gefüllt.

Landeskunde

以下の設問を読み、インターネットや本で調べましょう。

1. Wie viele Atomkraftwerke hat Japan?
2. Wo liegen die Standorte?
3. Wie viele der japanischen AKWs sind gegenwärtig in Betrieb?
4. Wie viel Prozent des japanischen Stroms erzeugen sie?
5. Welche anderen Energiequellen hat Japan?
6. Wie könnte man im Alltag Strom sparen?

KAPITEL 04
Für 9 Euro einen Monat durch ganz Deutschland!

期間限定で導入されたドイツ鉄道の格安チケットは、どのような効果をもたらしたのか

19

Im Juni, Juli und August 2022 konnte man es kaufen: das 9-Euro-Ticket. Einen Monat lang konnte man für nur 9 Euro in der 2. Klasse in allen Zügen des Nahverkehrs[1] der **DB** (Deutsche Bahn), in S-Bahnen, Bussen, U-Bahnen und Straßenbahnen in ganz Deutschland fahren. Fernzüge wie der ICE, IC und EC sowie Züge anderer Unternehmen und Fernbusse waren hingegen von der Aktion ausgeschlossen. Über 32 Millionen Mal wurde das Ticket innerhalb der drei Monate verkauft. Auch Personen, die Monats- oder Jahresabos[2] für den Nahverkehr bereits vorher erworben[3] hatten, mussten kein Nachsehen haben. Das 9-Euro-Ticket wurde für diesen Zeitraum eingerechnet[4] und die Differenz ausgezahlt.

---

❶ der Nahverkehr「近距離交通」。DB（ドイツ鉄道）の列車種別で言えばICE、IC、EC（長距離交通）を除くREやREなどの列車を指す　❷ das Abo (Abonnement)「定期券、定期購読など一定期間の契約」。サブスクリプションに同じ　❸ erworben「獲得した」。erwerbenの過去形　❹ eingerechnet「計算（料金）に含まれた」

Kinder unter sechs Jahren fuhren kostenlos. Die Fahrradmitnahme[3], die während dieser Zeit aufgrund der höheren Auslastung[4] ungern gesehen war, war in dem Ticket nicht inbegriffen. Hierfür musste ein extra Ticket gelöst werden.

Allerdings bestand die Sonderaktion ihren Stresstest am Anfang nicht. Am Pfingstwochenende[5] (4. bis 6. Juni 2022), also kurz nach der Einführung[6] des 9-Euro-Tickets, wollten viele Leute das Ticket testen und ließen ihr Auto in der Garage stehen. Sie wollten mit der Bahn an die **Ostsee** oder in andere beliebte Urlaubsorte fahren. Doch der Andrang in den Zügen und an den Bahnhöfen war zu groß. Das Resultat war enttäuschend[7]: über 400 überfüllte[8] Züge, 700 Meldungen über Störungen[9], abgewiesene[10] Fahrgäste und überlastetes Zugpersonal. Die Lage in den Sommerferien war etwas entspannter, aber Reisen mit dem Zug glich in dieser Zeit den überfüllten Zügen in Tokyo während der morgendlichen Stoßzeit[11].

Warum wurde das Ticket eingeführt? Es ist Teil des Energie-Entlastungspakets[12] seitens der Bundesregierung. Infolge der langen
➡ S.48 AHA-BOX
Corona-Pandemie und des Angriffskriegs auf die **Ukraine** stiegen und steigen die Kosten für Lebensmittel, Strom, Gas, Heizung und Benzin. Durch das 9-Euro-Ticket sollten die Bürgerinnen und Bürger der Bundesrepublik direkt entlastet[13] werden. Außerdem wollte man mit dem

---

❸ **die Fahrradmitnahme**「自転車の（列車内への）持ち込み」。日本でも少しずつ試みられているが、ドイツでは車両に自転車が持ち込める専用のスペースがあり、持ち込みが可能。料金は州や列車種別にもよるが0～9ユーロ程度　❹ **die Auslastung**「満員」。積載能力ぎりぎりまで乗せること　❺ **das Pfingstwochenende**「聖霊降臨祭の週末」。聖霊降臨祭（Pfingsten）はイースター後の第7日曜日に祝われ、月曜日も祝日になるため、連休となる　❻ **die Einführung**「導入」　❼ **enttäuschend**「失望させる」。enttäuschen の現在分詞　❽ **überfüllt**「定員・定量以上に満たされている」。überfüllen の過去分詞　❾ **die Störungen (*pl.*)**「障害、故障」　❿ **abgewiesen**「拒否された」。ab|weisen（拒否する、追い返す）の過去分詞。満員で乗れない人たちが乗車拒否されたことを指す　⓫ **die Stoßzeit**「ラッシュアワー、混雑時間帯」　⓬ **das Energie-Entlastungspaket**「エネルギー削減法案」。Paket は「セットになった法案」のこと。Entlastung は「負担・負荷の軽減」　⓭ **entlasten**「負担・負荷を軽減する」

Ticket einen Anreiz schaffen, den umweltfreundlicheren[14] **ÖPNV** (Öffentlichen Personennahverkehr) zu nutzen, und damit einen Beitrag zur Klimakrise[15] leisten, indem Kraftstoff eingespart und die Umweltbelastung[16] reduziert wird. Auch Verkehrsprobleme[17] sollten durch das Ticket minimiert werden. Weitere Teile des Entlastungspakets sind der Tankrabatt und die 300-Euro-Energiepauschale.

Der Erfolg des Tickets steht außer Frage. Es sind mehr Menschen mit dem Nahverkehr gefahren als vor der Corona-Pandemie. Ungefähr 10 Prozent der Autofahrten wurden durch eine Fahrt mit dem Zug ersetzt, somit war das Verkehrsaufkommen[18] auf den Straßen teilweise geringer. Auch die tägliche Nutzung des PKWs[19] ging von 43 Prozent auf 39 Prozent zurück. Außerdem haben viele Menschen den Nahverkehr als Alternative zum Auto testen können. Einkommensschwächere[20] Personen, die sich normalerweise[21] kaum Zugfahrten leisten können, konnten durch die Sonderaktion neue Freiheiten genießen. Deshalb wünschen sich viele Menschen eine Fortsetzung[22] des Tickets. Zumindest für Berlinerinnen und Berliner ist das möglich: In der Hauptstadt wurde das Ticket bis zum Jahresende verlängert. In anderen Bundesländern wird über eine Verlängerung des Tickets noch diskutiert.

⓮ umweltfreundlich「環境に優しい」。ここでは比較級で用いられている ⓯ die Klimakrise「環境危機」 ⓰ die Umweltbelastung「環境への負担」。belasten は entlasten の対義語 ⓱ die Verkehrsprobleme (*pl.*)「交通問題」。慢性的な渋滞などの交通網に関わる問題 ⓲ das Verkehrsaufkommen「交通量」 ⓳ der PKW「自家用車、マイカー」。Personenkraftwagen の略 ⓴ einkommensschwach「低所得の」。「所得の面で弱い」が直訳 ㉑ normalerweise「通常は、普通は」。「9ユーロチケットがない、通常のとき」という意味 ㉒ die Fortsetzung「継続、続行」

Übungen und Aufgaben

Grammatik

文中に出てくる以下の過去形動詞の①不定詞と②過去分詞を答えましょう。

a) (Kinder) fuhren
b) (es) war
c) (viele Leute) ließen
d) (das Ticket) wurde
e) (die Kosten) stiegen
f) (die Nutzung) ging ... zurück

Lexik

次の表現の意味を確認しましょう。

a) (kein) Nachsehen haben

b) inbegriffen sein

c) den Stresstest bestehen

d) der Andrang ist groß/gering

e) einen Anreiz schaffen

f) außer Frage stehen

g) neue Freiheiten genießen

Landeskunde

以下の設問を読み、インターネットや本で調べましょう。

1. Wann waren die Schulsommerferien in DACH 2022? Welchen großen Unterschied gibt es zu Japan?
2. Was ist Pfingsten?
3. Was bedeuten die Abkürzungen: ICE, IC, IRE, RE und RB?
4. Recherchieren Sie im Internet unter https://www.bahn.de/
   a) Wie viel kostet eine Zugverbindung mit Zügen des Nahverkehrs von Berlin nach München?
   b) Wie viel kostet eine Zugverbindung mit dem ICE von Berlin nach München?

KAPITEL 05 Nächster Halt: Nachhaltigkeit[1] – Der faire Supermarktzug

持続可能性とフェアトレードに焦点をあて、列車がスーパーマーケットに

23 Drei Meter breit und 150 Meter lang, eine fast schon antike Lok aus dem Jahr 1964, drei Wagons zum Einkaufen, ein Wagon als Lager und ein Bordbistro[2], 3000 Produkte, zwei Kassen und sogar ein Pfandautomat[3]. ➡ S.49 AHA-BOX Das sind die Fakten des fairen Supermarktzugs.

24 Kunden konnten vom 5.11. bis zum 12.12.2021 in einem umgebauten Zug der DB Regio[4] immer am Freitag und Samstag von 9 bis 19 Uhr einkaufen. Der Zug machte Halt in **Frankfurt am Main** (05. und 06.11.), **Gießen** (12. und 13.11.), **Fulda** (19. und 20.11.), **Kassel** (26. und 27.11.), **Darmstadt** (03. und 04.12.) und **Wiesbaden** (10. und 11.12.). 5

❶ die Nachhaltigkeit「持続可能性」 ❷ das Bordbistro「食堂車」 ❸ der Pfandautomat「デポジット精算機」。スーパーマーケット等で買う缶飲料や瓶飲料には缶や瓶のリサイクルのためデポジット（保証金）が単価に含まれており、飲み終わったものを専用の精算機に入れるとデポジット料金の返金が受けられる ❹ DB Regio 企業名。Deutsche Bahn「ドイツ鉄道」(DB) が 100% 出資している子会社 ❺ das Marketing-Projekt「マーケティングプロジェクト」。マーケティングとは、商品が効率的に売れるように、市場調査・製造・輸送・販売などを戦略的に行う企業活動の総称

10 Der faire Supermarktzug war ein Marketing-Projekt[5] der DB Regio Mitte, Rewe[6] Mitte und Fairtrade[7]. Fünf der sechs hessischen Städte, an deren Bahnhöfen der Zug stand, sind sogenannte Fairtrade-Städte[8]. Sie setzen sich also für mehr Nachhaltigkeit und fairen Handel auf kommunaler[9] Ebene ein. 25

15 Das Stichwort[10] hieß: Nachhaltigkeit. Denn die wollten die drei Partner mit dem Projekt demonstrieren. Großes Ziel des Projekts war das Aufzeigen[11], wie man im Alltag mehr Nachhaltigkeit schaffen kann. Die DB Regio steht hierbei für Nachhaltigkeit im Personen- und Gütertransport. Aber auch Kundenservice – und dazu gehört das Einkaufen 20 an Bahnhöfen und im Zug – ist der Deutschen Bahn wichtig. Durch die Zusammenarbeit mit Rewe schaffte es die DB Regio, die Supermärkte zu den Kundinnen und Kunden zu bringen. Im Sortiment führte der Supermarktzug nachhaltige, regionale und faire Produkte. **Jürgen Schneider**, Vorsitzender[12] der Geschäftsleitung[13] von Rewe Mitte, betonte 25 den Dreiklang[14]: Saisonal – Regional – Fair. Deshalb ist es nicht verwunderlich, dass viele Produkte von Fairtrade sind. Fairtrade arbeitete bereits vor dem Marketing-Projekt mit **DB** und Rewe zusammen. Beispielsweise sind die Heißgetränke in den Bistros der Züge seit 2017 Fairtrade-Erzeugnisse. 26

---

❻ **Rewe** 企業名。ケルンに拠点を置く小売店及び観光グループ。社名は「Revisionsverband der Westkauf-Genossenschaften」（西部販売協同組合）に由来 ❼ **Fairtrade** 団体名。正式にはFairtrade International（国際フェアトレードラベル機構）。ドイツに本部を置く国際組織。各国のメンバー組織がフェアトレード製品認証や啓発活動などを行う。日本では特定非営利活動法人フェアトレード・ラベル・ジャパンがその役割を担う ❽ **Fairtrade-Städte (*pl.*)**「フェアトレード都市」。フェアトレードは、弱い立場に置かれた途上国の生産者の人たちの自立や環境の保護保全に貢献しようとする運動であり、その運動の輪をまちぐるみ（まちの行政、企業・商店、市民団体などが一体となって）で行っている都市が選定される ❾ **kommunal**「地方自治の」 ❿ **das Stichwort**「キーワード、（その文脈でテーマとなる）見出し語」 ⓫ **das Aufzeigen**「はっきり示すこと、明示」。動詞auf|zeigenを中性名詞にしたもの ⓬ **der/die Vorsitzende/r**「（団体などの）長」 ⓭ **die Geschäftsleitung**「経営管理、会社の取締役会」 ⓮ **der Dreiklang**「三和音、三拍子」

27 Der Fokus auf die Nachhaltigkeit fand Anerkennung. Zudem wurde der Supermarktzug ausschließlich von Azubis[15] geleitet. Ihnen wurde viel Verantwortung übertragen und sie konnten mit ihren Aufgaben wachsen. Auch dass Pendlerinnen und Pendler[16] auf dem Heimweg noch schnell direkt am Gleis einkaufen gehen konnten, wurde gelobt. Allerdings wurde die Auswahl der Haltestationen kritisiert. Alle sechs Bahnhöfe verfügen über[17] genug Einkaufsmöglichkeiten. Der Einsatz des Supermarktzugs war also eigentlich nicht nötig. Es wurden Stimmen laut, die sagten, dass es sinnvoller wäre, den Zug an Bahnhöfen von Kleinstädten zu platzieren, die nur über wenige Geschäfte verfügen. Doch leider haben diese Bahnhöfe meistens nur wenige Gleise und der Supermarktzug würde eins davon blockieren. Vielleicht wäre es ja auch möglich, dass Kundinnen und Kunden in einem fahrenden Zug direkt auf dem Heimweg einkaufen können. In der Schweiz wurde dies Anfang der 2000er Jahre für zwei Jahre mit dem **Coop Railshop** zwischen **Zürich** und **Bern** umgesetzt.

28 Das Medienecho[18] zu dem fairen Supermarktzug war groß und zeitweise auch der Andrang der Kundinnen und Kunden. Doch werden Züge wie dieser nicht in Serie gehen[19]. Es gibt jedoch Anfragen, ob der Supermarktzug ebenfalls in anderen Regionen Deutschlands zum Einsatz kommt. Genaue Details sind jedoch noch nicht bekannt.

---

⑮ **Azubis** (*pl.*)「職業訓練生」。Auszubildendeの短縮形。単数形はAuszubildender（男性）、Auszubildende（女性） ⑯ **Pendlerinnen und Pendler** (*pl.*)「通勤・通学者」 ⑰ **über ～⁴ verfügen**「～⁴を備えている」 ⑱ **das Medienecho**「メディアの反響」 ⑲ **in Serie gehen**「大量生産される、単発で終わりではなく後に続く」

Übungen und Aufgaben

Grammatik

1. 次の下線部の日付の読み方をドイツ語で書きましょう。

   a) am 05.12. (　　　　　　　　　　　　　　　　)

   b) am 20.11. (　　　　　　　　　　　　　　　　)

2. 下線部を文法的に説明しましょう。(　　) には適切な語（句）を入れ、{　　} 内からは適切なものを 1 つ選びましょう。

   a) Fünf der sechs hessischen Städte, an deren Bahnhöfen der Zug stand, sind sogenannte Fairtrade-Städte.

   derenは (　　　　　　) を先行詞とする関係代名詞で、3人称の {単数／複数}、格は {1／2／3／4} 格である。

   b) Doch werden Züge wie dieser nicht in Serie gehen.

   dieserは、先行する文脈にある{男性名詞／中性名詞／女性名詞} (　　　　　　) を指す {定冠詞／人称代名詞／指示代名詞} で、格は {1／2／3／4} 格である。

Lexik

次の語句の意味を調べてみましょう。

a) Halt machen/ haltmachen

b) im Sortiment führen/haben

c) Anerkennung finden

d) mit/an den Aufgaben wachsen

e) Verantwortung übertragen

f) Stimmen werden laut

Landeskunde

次の質問に答えましょう。

1. Möchten Sie in einem solchen Zug einkaufen? Warum/ warum nicht?
2. Denken Sie, dieses Projekt wäre auch in Japan möglich und sinnvoll? Begründen Sie.
3. Recherchieren Sie: Gibt es Fairtrade-Produkte in Japan?
4. Finden Sie, dass das Angebot in japanischen Supermärkten nachhaltig ist? Begründen Sie.
5. Wie kann man den eigenen Alltag noch nachhaltiger gestalten?

KAPITEL 06

Auf der Flucht vor dem Krieg – Ukrainische Flüchtlinge in DACH

ウクライナからの避難民に、
今、どのような手助けができるだろうか

29 Die Welt hielt den Atem an, als am 23. Februar 2022 der russische Präsident **Wladimir Putin** der **Ukraine** den Krieg erklärte und der ukrainische Präsident **Wolodymyr Selenskyj** einen Tag später den Kriegszustand[1] ausrief. Dass sich der Krieg in der **Ostukraine** zu einem Krieg gegen die gesamte Ukraine entwickeln würde, war eigentlich abzusehen. Denn bereits seit April 2021 stationierte **Russland** immer mehr Soldaten entlang der ukrainischen Grenze. Dennoch war das Entsetzen groß.

30 Mit den vermehrten russischen Angriffen auf ukrainische Städte und zivile Infrastruktur[2] setzte sich eine gigantische Flüchtlingswelle[3] in

---

❶ der Kriegszustand「戦時、戦争状態」 ❷ die zivile Infrastruktur「民間のインフラストラクチャー」。運輸・通信・道路。病院・学校など社会生活や経済活動を維持するための社会基盤となる施設や設備のうち、軍のものではなく民間のもの ❸ die Flüchtlingswelle「避難民の波」。Flüchtling は「難民、避難民、亡命者」のこと ❹ der Binnenflüchtling「国内避難民」国内の別地域に避難（疎開）した人たち

Bewegung. Bisher wurden 7,7 Millionen Binnenflüchtlinge[4] innerhalb der Ukraine und 6,6 Millionen ukrainische Flüchtlinge, die in anderen Ländern Schutz suchen, gezählt. In Deutschland kamen bis Ende August 2022 knapp eine Million, in Österreich ca. 80 000 und in der Schweiz ungefähr 60 000 Menschen aus der Ukraine an. Die meisten von ihnen sind Frauen, Kinder und ältere Personen.

Als Flüchtlinge stehen ihnen verschiedene soziale Leistungen[5] wie Unterkunft[6], Verpflegung[7] und medizinische Versorgung[8] zu. Die Solidarität mit den Geflüchteten war vor allem in den ersten Monaten groß. Es wurden Sammelstellen[9] eingerichtet, wo Kleiderspenden, Möbel, Hygieneartikel, Spielsachen und vieles mehr an sie verteilt wurden. Doch wo sollen diese vielen Menschen wohnen? Die Wohnungsnot[10] in vielen Großstädten gab es schon vor dem Angriffskrieg. Die Geflüchteten sind traumatisiert[11] und brauchen Privatsphäre[12] in Wohnungen, wo sie die Tür hinter sich zumachen und Abstand gewinnen können von den schrecklichen Erlebnissen. Eine längere Unterbringung[13] in den Notunterkünften[14], wie beispielsweise auf dem ehemaligen Flughafengelände von **Berlin Tegel**, ist nicht geeignet[15]. Die Suche nach passenden Unterbringungen ist somit ein wichtiges Thema.

Die meisten der geflüchteten Erwachsenen waren vor dem Angriffskrieg berufstätig. Sie möchten möglichst schnell wieder arbeiten, eigenes Geld verdienen und unabhängig sein. Insbesondere für die Kinder wünscht man

---

❺ die soziale Leistung「社会的な給付」。現金によらない宿泊場所の提供や食事の提供など、社会的な援助給付のことを指す ❻ die Unterkunft「宿泊場所」 ❼ die Verpflegung「食事」 ❽ die medizinische Versorgung「医療の供給」。医薬品の提供や治療を受ける機会の提供など ❾ die Sammelstelle「集荷場」 ❿ die Wohnungsnot「住宅不足」 ⓫ traumatisiert sein「精神的に傷を負った」 ⓬ die Privatsphäre「プライバシーが守られる領域」 ⓭ die Unterbringung「住まわせること」対応する動詞は unter|bringen ⓮ die Notunterkunft「緊急的な住宅（仮設住宅）」 ⓯ geeignet sein「適した」

sich Stabilität. Sie sollen im Kindergarten spielen und Schulen besuchen können.

Behörden haben alle Hände voll zu tun, Wohnungen zu finden, Jobs zu vermitteln[16], Deutschkurse zu organisieren, Kindergarten- und Schulplätze zuzuteilen oder psychologischen Beistand zu leisten. Oft müssen die Hilfe suchenden Menschen monatelang auf für sie geeignete Angebote warten. Nicht selten ist das Engagement von ehrenamtlichen Helferinnen und Helfern nötig, um das Chaos zu bewältigen. So gibt es nicht wenige Familien, die Geflüchteten Zimmer anbieten, Behördengänge[17] mit ihnen erledigen, Kinder betreuen[18], Deutsch unterrichten oder Formulare ausfüllen. **Ralf Hammerich** und **Petra Spühler**, die **Anna Mammadowa** und ihre Kinder bei sich aufgenommen haben, kümmern sich ehrenamtlich um Flüchtlinge. „Wir tun es aus Überzeugung[19]. Unsere Kinder sind groß und ausgezogen. Wir haben Platz, einen großen Garten. Das ist ideal“, so Ralf Hammerich.

Doch je länger der Krieg andauert, desto weniger Menschen wollen oder können freiwillig helfen. Ihre ehrenamtliche Tätigkeit kostet Zeit und Geld. Zudem gehen immer mehr Flüchtlinge zurück in ihre ukrainische Heimat. Auch wenn die Situation dort immer noch gefährlich ist, vermissen sie ihre Familien, wollen sie ihre Selbstständigkeit[20] zurück oder ihr Land während des Kriegs unterstützen.

---

⑯ vermitteln「仲介・斡旋する」 ⑰ Behördengänge (*pl.*)「役所の手続き」 ⑱ Kinder betreuen「子供たちを預かって面倒を見ること」 ⑲ die Überzeugung「信念・信条・主義」 ⑳ die Selbstständigkeit「自立・自主性」。ここでは、避難先でお世話になり続けることが自分のことは自分でするという自立心とは真逆であるため、自立した生活に戻りたいという気持ちのことを指す

Übungen und Aufgaben

Grammatik

次の **A** と **B** が述べている内容がほぼ同じになるよう、空欄に適切な語を入れましょう。

1. A: Das war eigentlich abzusehen.

   B: Das konnte eigentlich ________________ ________________.

2. A: Behörden haben Wohnungen für die Flüchtlinge zu finden.

   B: Behörden ________________ Wohnungen für die ________________ Menschen finden.

3. A: Je länger der Krieg andauert, desto weniger Menschen wollen oder können freiwillig helfen.

   B: Wenn der Krieg __________ __________, wollen oder können ____________ ____________ freiwillig ____________.

Lexik

次の表現の意味を確認しましょう。

a) den Atem anhalten

b) sich in Bewegung setzen

c) die Tür hinter sich zumachen/schließen

d) Abstand gewinnen

e) alle Hände voll zu tun haben

f) Beistand leisten

g) das Chaos bewältigen

Landeskunde

以下の設問を読み、インターネットや本で調べましょう。

1. Wie viele Flüchtlinge aus der Ukraine wurden bisher in Japan aufgenommen?
2. Welche Unterstützung erhalten sie seitens der japanischen Regierung?
3. Was können ehrenamtliche Helferinnen und Helfer für die Flüchtlinge tun?
4. Welche sozialen Leistungen können Menschen in Japan empfangen?
5. Was zählt zur zivilen Infrastruktur?

KAPITEL 07 Die Neutralität der Schweiz und Österreichs und die NATO

スウェーデン、フィンランドがNATO加盟へ進む一方、スイスとオーストリアは中立を維持

35

„Die NATO ist als Bündnis aktueller und wichtiger denn[1] je“, sagte die Bundesaußenministerin **Annalena Baerbock** (**Bündnis 90/Die Grünen**) beim informellen[2] Treffen der NATO-Außenminister am 15. Mai 2022 in Berlin. Dies zeigte auch der Wunsch **Schwedens** und **Finnlands**, der NATO beizutreten[3]. Obwohl die **Türkei** sich anfangs gegen die Aufnahme[4] der beiden skandinavischen Länder aussprach, änderte das Land nach einem trinationalen[5] Treffen seine Meinung, nachdem Schweden und Finnland auf zentrale Forderungen[6] der Türkei eingegangen

---

❶ **denn** 比較級の als と同じ意味で用いられる。文中の als Bündnis という語句に als が使われているため、als の重複を避けるため denn が用いられている　❷ **informell**「非公式の」(⇔ formell「公式の」)　❸ **〜[3] bei|treten**「〜[3] に加盟・参入する」　❹ **die Aufnahme**「受け入れ」NATO の正式な加盟国として承認すること　❺ **trinational**「三カ国の」。tri- は「3つの」を表す　❻ **die Forderungen** (*pl.*)「要請・要求」。トルコなどがテロ組織に指定するクルド労働者党（PKK）の関連組織をスウェーデンとフィンランドが事実上支援していること、関係者の身柄引き渡しを拒否していること、またトルコへの武器輸出停止に動いていることなどを理由に、トルコは両国の NATO 加盟に反対していた。トルコの要求に応じる形で、トルコの懸念に対応する覚え書きを交わした

waren. Nun befinden sich die NATO-Mitgliedstaaten[7] in einem
10 Ratifizierungsprozess[8]. Das heißt, dass die einzelnen Länder die Beitritte billigen[9] müssen. Der Deutsche Bundestag stimmte bereits am 8. Juli 2022 dafür. Bis auf **Ungarn**, die **Slowakei** und die Türkei haben alle NATO-Mitgliedstaaten bis Mitte September 2022 die Ratifizierung abgeschlossen.

36 Wie Schweden und Finnland unterliegen auch Österreich und die
15 Schweiz militärischer Bündnisneutralität[10]. Seit Beginn des Ukraine-Kriegs kam daher immer wieder die Frage auf, warum die beiden Alpenstaaten[11] nicht ebenfalls Mitgliedstaaten der NATO werden wollen.

37 Die Schweiz genießt seit dem Wiener Kongress[12] 1815 Neutralitätsrecht[13]. Damals wurde beschlossen, dass die Schweiz sich nicht an Konflikten
20 beteiligt und keine Söldner[14] zur Verfügung stellt. Im Gegenzug dafür wird kein Krieg auf Schweizer Gebiet geführt. Österreich musste 1955 ebenfalls Neutralität nach dem Schweizer Vorbild[15] versprechen, damit **Russland** sich aus den österreichischen Gebieten zurückzieht[16].

38 Allerdings behandeln die beiden Länder die Neutralität unterschiedlich.
25 Österreich trat bereits 1955 der UNO und 1995 der EU bei. Die Schweiz entschied sich erst 2002 für einen Beitritt in die UNO. Der Beitritt in solche Bündnisse verwässert[17] allerdings die Neutralität. Bereits vorher, beispielsweise während des Kalten Kriegs, stellte sich die Schweiz auf die Seite des Westens. Den Krieg Russlands gegen die Ukraine stufte die

---

❼ die NATO-Mitgliedstaaten (*pl.*) NATO「加盟国」。2022年8月現在、30か国 ❽ die Ratifizierung「(条約などの) 批准」 ❾ billigen「～を承認する」 ❿ die Bündnisneutralität 同盟というものに加盟せず中立を保つこと ⓫ die Alpenstaaten (*pl.*) アルプス山脈は、その西端がフランス、東端がスロベニアに位置し、スイスとオーストリアをまたぐことからこのように表現されている ⓬ der Wiener Kongress「ウィーン会議」 ⓭ das Neutralitätsrecht「中立権」。中立国およびその国民の権利。中立法規に違反しない範囲で、交戦国と通商などの関係を維持しうる権利、自国の領域が交戦国によって戦争遂行のために利用されるのを拒む権利など ⓮ der Söldner「傭兵」 ⓯ das Vorbild「模範・手本」 ⓰ zurück|ziehen「(軍などを) 撤収する、(発言などを) 撤回する」 ⓱ verwässern「水で薄める、効果を薄める」

Schweiz zudem als völkerrechtswidrig[18] ein und verhängte ebenfalls 30
Sanktionen. Was Waffenlieferungen[19] angeht, bleibt die Schweiz ihrer
Neutralität treu. Sie liefert weder an die eine noch an die andere
Kriegspartei Waffen. Den Lieferungen von in der Schweiz produzierten
Waffen über Drittländer[20] stimmt sie ebenfalls nicht zu.

39 Während Schweden und Finnland aufgrund des Ukraine-Kriegs auf ihre 35
Neutralität verzichten[21] und der NATO beitreten wollen, wird die Schweiz
diesen Schritt nicht gehen. Die Schweizerinnen und Schweizer stehen
ungeachtet der wachsenden Bedrohung, anders als die Einwohner
Finnlands, hinter der Neutralität ihres Landes. Die Finnen stimmen
mittlerweile zu 75 Prozent für eine Aufnahme, obwohl sie vor dem 40
russischen Angriffskrieg gegen einen Beitritt ihres Landes in das euro-
atlantische Verteidigungsbündnis[22] waren. Doch heißt das nicht, dass die
Schweiz sich nicht militärisch vorbereite. Anders als Österreich investiert
die Schweiz viel mehr Geld in neue Waffen und eine Miliz[23].

40 Österreich hat seine Beziehungen zur NATO ausgebaut und nimmt seit 45
1995 an der **Partnerschaft für den Frieden** (PfP) und seit 1997 am
Euro-Atlantischen Partnerschaftsrat[24] (EAPC) teil. Dennoch ist ebenfalls
nicht mit einem Beitrittswunsch zu rechnen. Über drei Viertel der
österreichischen Bevölkerung sind gegen einen Beitritt: „Wir sollen neutral
bleiben. Wir sollen uns raushalten“, so eine Österreicherin im Mai 2022. 50

⑱ völkerrechtswidrig「国際法違反の」 ⑲ die Waffenlieferungen (*pl.*)「武器の供与・供給」 ⑳ die Drittländer (*pl.*)「第三国」。当事国以外の国、問題に直接関与しない国 ㉑ auf ～[4] verzichten「～[4]を断念する」 ㉒ das euro-atlantische Verteidigungsbündnis NATOのこと。欧州・北大西洋地域の諸国からなる軍事同盟であることがよくわかる（経済同盟としてのEUとは違う） ㉓ die Miliz「市民軍・民兵団」 ㉔ der Euro-Atlantische Partnerschaftsrat（EAPC）「欧州・大西洋パートナーシップ理事会」。PfPの構成国とNATO全加盟国から成る。NATOの一機関

Übungen und Aufgaben

Grammatik

次の **A** と **B** がほぼ同じ意味になるように、空欄に適切な語を入れましょう。時制が変わらないようにすること。

1. A: Das heißt, dass die einzelnen Länder die Beitritte billigen müssen.
   B: Das heißt, dass die Beitritte ________ den einzelnen Ländern ________ __________ müssen.
2. A: Damals wurde beschlossen, dass die Schweiz sich nicht an Konflikten beteiligt.
   B: Damals ____________ man, dass die Schweiz sich nicht an Konflikten beteiligt.

Lexik

1. テキストから探し、下線部に入る部分を埋めて、語句の意味を確認しましょう。

a) sich _______sprechen   b) auf ～⁴ _______gehen   c) sich _______ziehen

d) _______ beteiligen   e) zur _______ stellen   f) _______stufen

g) was ～⁴ _______geht   h) _______ bleiben

i) die __________ Bedrohung   j) _______ ～⁴ etwas investieren

k) es ist (nicht) zu rechnen _______ et³   l) an ～³ _______nehmen

2. 次の西暦年をドイツ語で読みましょう。

   a) 1955   b) 2002

Landeskunde

以下の設問を読み、答えをインターネットや本で調べましょう。

1. Welche Länder sind bereits NATO-Mitgliedstaaten? Tragen Sie die Namen in die Karte auf S. 32-33 ein.
2. Wie heißt der derzeitige NATO-Generalsekretär?
3. Was ist der Wiener Kongress?
4. Was ist die UNO?
5. Was ist der Kalte Krieg?

Übungen und Aufgaben

KAPITEL 07 **Landeskunde** 1. (S. 31)

例にならって、次の国のうち、NATOに加盟している30ヵ国に×印をつけ、地図の番号とともに抜き出しましょう。

- ☐ Albanien（アルバニア）
- ☐ Andorra（アンドラ）
- ☐ Belgien（ベルギー）
- ☐ Bosnien und Herzegowina（ボスニア・ヘルツェゴビナ）
- ☐ Bulgarien（ブルガリア）
- ☐ Dänemark（デンマーク）
- ☒ Deutschland（ドイツ）
- ☐ Estland（エストニア）
- ☐ Finnland（フィンランド）
- ☐ Frankreich（フランス）
- ☐ Griechenland（ギリシャ）
- ☐ Großbritannien（イギリス）
- ☐ Irland（アイルランド）
- ☐ Island（アイスランド）
- ☐ Italien（イタリア）
- ☐ Kanada（カナダ）
- ☐ Kasachstan（カザフスタン）
- ☐ Kroatien（クロアチア）
- ☐ Lettland（ラトビア）
- ☐ Liechtenstein（リヒテンシュタイン）
- ☐ Litauen（リトアニア）
- ☐ Luxemburg（ルクセンブルク）
- ☐ Malta（マルタ）
- ☐ Moldau（モルドバ）
- ☐ Monaco（モナコ）
- ☐ Montenegro（モンテネグロ）
- ☐ die Niederlande（オランダ）
- ☐ Nordmazedonien（北マケドニア）
- ☐ Norwegen（ノルウェー）
- ☐ Österreich（オーストリア）
- ☐ Polen（ポーランド）
- ☐ Portugal（ポルトガル）
- ☐ Rumänien（ルーマニア）
- ☐ Russland（ロシア）
- ☐ San Marino（サン・マリノ）
- ☐ Schweden（スウェーデン）
- ☐ die Schweiz（スイス）
- ☐ Serbien（セルビア）
- ☐ die Slowakei（スロバキア）
- ☐ Slowenien（スロベニア）
- ☐ Spanien（スペイン）
- ☐ Tschechien（チェコ）
- ☐ die Türkei（トルコ）
- ☐ die Ukraine（ウクライナ）
- ☐ Ungarn（ハンガリー）
- ☐ die USA（アメリカ合衆国）
- ☐ die Vatikanstadt（バチカン市国）
- ☐ Weißrussland（ベラルーシ）
- ☐ Zypern（キプロス）

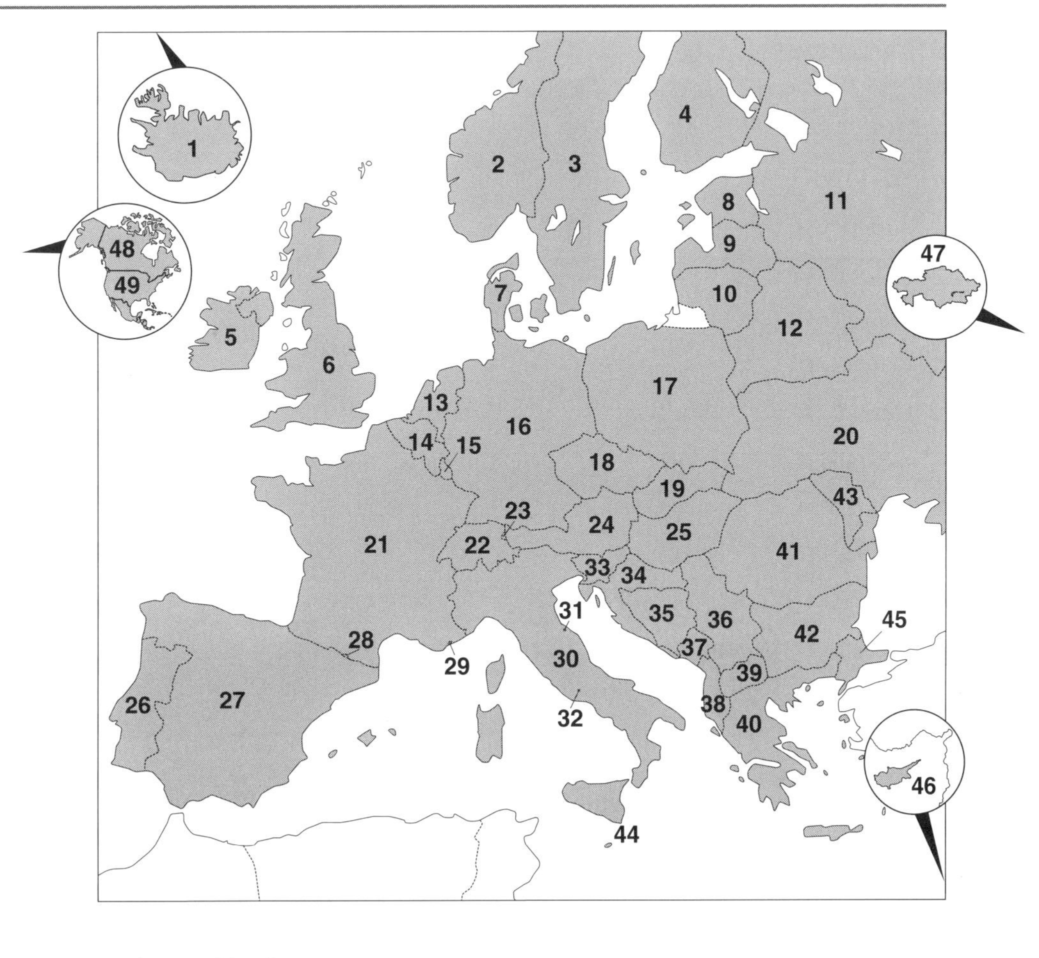

16 : Deutschland

KAPITEL 08 „O Tannenbaum, o Tannenbaum“ – Wohin mit dir?

ドイツではクリスマスツリーは使い捨て?! 驚きの、ツリー事情をご紹介

41

„Vorfreude, schönste Freude“ so heißt ein bekanntes Weihnachtslied. Während der Adventszeit[1] gibt es so viele Dinge, auf die man sich freuen kann. Eins davon ist der geschmückte Weihnachtsbaum, in manchen Regionen auch Christbaum genannt. Übrigens werden nicht nur Tannen[2] als Weihnachtsbäume benutzt. Zwar ist die Nordmanntanne[3] der beliebteste unter den Weihnachtsbäumen, aber auch der teuerste. Diese Nadelbaumart[4] wird ausschließlich für diesen Zweck angebaut[5]. Die Nordmanntanne ist perfekt. Sie riecht herrlich nach Nadelwald, hat ein sattes Grün, die Nadeln halten auch den Temperaturen im Wohnzimmer stand und fallen nicht, wie bei anderen Nadelbäumen, bereits nach einer Woche ab. Deshalb

❶ die Adventszeit「待降節」。クリスマス（降誕祭）の 4 つ前の日曜日から始まる、クリスマスを準備する期間 ❷ die Tanne「モミの木」 ❸ die Nordmanntanne「ノールマンモミ（コーカサスモミ）」 ❹ die Nadelbaumart「針葉樹（類）」 ❺ an|bauen「栽培する」

entscheiden sich über 70 Prozent der Käuferinnen und Käufer jedes Jahr für diesen Nadelbaum. Angebaut wird die Nordmanntanne vorwiegend in **Dänemark**. In den deutschen Gebieten findet man hauptsächlich die Rotfichte[6]. Sie ist preiswerter, allerdings auch nicht ganz so prachtvoll und
15 sie verliert schnell ihre Nadeln.

42

Doch egal welcher Weihnachtsbaum es ist, die Augen von Groß und Klein werden bei seinem Anblick leuchten, wenn sie am Heiligabend[7] das
➡ S.50-51 AHA-BOX
Wohnzimmer betreten und ihn in seiner vollen Pracht bewundern können. Knapp 30 Millionen Bäume werden jedes Jahr verkauft. Der Plastikbaum,
20 der in anderen Ländern als Dekoration benutzt wird, konnte sich in Deutschland nicht gegen den echten Tannenbaum durchsetzen.

43

Doch was passiert eigentlich nach dem Weihnachtsfest, also zwischen Jahreswechsel[8] und spätestens nach dem 6. Januar, dem Tag der Heiligen Drei Könige[9], mit den ausgedienten[10] Nadelbäumen? Dies ist abhängig von
25 der Region, in der man wohnt. Doch eins ist sicher, illegal entsorgen sollte man sie nicht, denn das kann bis zu 500 Euro Strafe kosten.

44

In einigen Städten wie Hamburg und Berlin werden die Bäume an bestimmten Tagen abgeholt. Dafür müssen sie am Vorabend an den Straßenrand gelegt werden. In anderen Städten wie München, **Stuttgart**
30 oder **Leipzig** müssen sie zu Sammelstellen oder einem Recyclinghof[11] gebracht werden. Hat man die Termine verpasst, kann man den Weihnachtsbaum auch als Sperrmüll[12] entsorgen. Danach werden die alten Weihnachtsbäume in Biomassekraftwerken[13] oder Verbrennungsanlagen[14]

---

❻ die Rotfichte「オウシュウトウヒ」。別名「ドイツマツ」 ❼ der Heiligabend「クリスマスイブ」 ❽ der Jahreswechsel「年の変わり」 ❾ Heilige Drei Könige「東方の三賢人（博士）」。東方で星を見た博士たちが星に導かれてキリストを拝みに行く。後のヘロデ王による幼児虐殺につながる。カトリック圏では毎年1月6日が東方の三賢人の日の祝日 ❿ ausgedient「退役の、使い古された、お役御免の」。aus|dienen の過去分詞 ⓫ der Recyclinghof「資源ゴミ集積所」。リサイクル対象の資源ゴミを集めるゴミ処理場。粗大ゴミなどの大型廃棄物も持ち込める場合がある ⓬ der Sperrmüll「粗大ゴミ」

verbrannt, um Strom und Wärme zu erzeugen.

45 Es gibt außerdem die Möglichkeit, den Baum an einen Zoo zu spenden. Für Elefanten und Kamele ist er ein Leckerbissen oder die Tierpflegerinnen und Tierpfleger benutzen ihn zur Beschäftigung[15] von anderen Zoobewohnern. Wichtig hierfür ist, dass der Baum bio-zertifiziert[16] ist. Er muss also unbehandelt[17] und frei von Pestiziden oder anderen Schadstoffen sein.

46 Doch viele Menschen verwenden die Bäume auch als Brennholz für ihre Kamine. Darüber hinaus kann der alte Nadelbaum im Garten noch nützlich sein. Seine Äste schützen Beete vor Frost und Schnecken[18].

47 Für die ganz wilden Weihnachtsfans gibt es in Städten wie **Wuppertal**, **Essen** und **Gera** ein Weihnachtsbaumwettwerfen[19]. Dafür werden 1,50 Meter hohe Bäume entweder hoch oder weit geworfen.

48 Er könnte auch sein, dass man seinen alten Weihnachtsbaum beim Osterfeuer[20] wiedersieht. Denn es gibt Gemeinden[21], die die alten Christbäume bis dahin einlagern, und dann zusammen mit anderen Bäumen und Sträuchern[22] in der Osternacht verbrennen.

⑬ das Biomassekraftwerk「バイオマス発電所」。木屑や燃えるゴミなどを燃焼する際の熱を利用して電気を起こす発電所 ⑭ die Verbrennungsanlage「焼却処理場」 ⑮ die Beschäftigung「活動、取り組み」 ⑯ bio-zertifiziert「有機認証を受けた」。EU における有機食品およびその他の有機農産物の認証プロセス ⑰ unbehandelt「未処理の、未加工の」 ⑱ die Schnecke「カタツムリ（ナメクジを含む）」 ⑲ das Weihnachtsbaumwettwerfen「クリスマスツリーを投げる競争」 ⑳ das Osterfeuer「復活祭のかがり火」。復活祭の典礼および風習として復活祭に点火されるかがり火 ㉑ die Gemeinde「市町村」 ㉒ der Strauch「低木」。複数形 Sträucher

Übungen und Aufgaben

Grammatik

次の A と B が述べている内容がほぼ同じになるよう、空欄に適切な語を入れましょう。

1. A: [...], wenn sie am Heiligabend das Wohnzimmer betreten, [...]

   B: [...], wenn sie am Heiligabend __________ das Wohnzimmer treten, [...]

2. A: Hat man die Termine verpasst, kann man den Weihnachtsbaum auch als Sperrmüll entsorgen.

   B: ____________ man die Termine verpasst hat, kann man den Weihnachtsbaum auch als Sperrmüll entsorgen.

3. A: Es gibt außerdem die Möglichkeit, den Baum an einen Zoo zu spenden.

   B: Außerdem ____________ man den Baum an einen Zoo spenden.

Lexik

次の表現の意味を確認しましょう。

a) die Vorfreude　b) stand|halten　c) die Augen leuchten

d) Groß und Klein　e) in seiner/ihrer vollen Pracht　f) illegal entsorgen

g) der Leckerbissen　h) von ～[3] frei sein

Landeskunde

次の事柄について調べたり、述べたりしましょう。

1. Wie feiert man Weihnachten in DACH?
2. Wie feiert man Weihnachten in Ihrer Familie?
3. Welche weiteren deutschsprachigen Weihnachtslieder kennen Sie?
4. Was feiert man am 6. Januar, dem Tag der Heiligen Drei Könige?
5. Was ist ein Osterfeuer?

KAPITEL 09 Die Schweiz wächst und altert

高齢化が進むスイス、人口増加と出生率上昇の理由を探る

Die Bevölkerung der Schweiz nimmt weiter zu. Ende 2021 lebten 8 738 800 Menschen in dem Alpenland. Das entspricht einem Zuwachs[1] von 0,8 Prozent zum Vorjahr. Dafür gibt es mehrere Gründe: Zum einen leben die älteren Menschen länger. Mehr als 1,7 Millionen Einwohner sind über 64 Jahre alt. Ein Blick auf die Geschlechter zeigt, dass jede fünfte Frau und jeder sechste Mann zu dieser Bevölkerungsgruppe[2] gehört. Sehr stark wuchs die Gruppe der über Hundertjährigen[3]. Hier gab es eine Zunahme[4] von 9,4 Prozent. Frauen sind in dieser Gruppe viermal so häufig vertreten wie Männer.

Im internationalen Vergleich führt im Jahr 2020 jedoch Japan das

---

❶ der Zuwachs「増大、成長」 ❷ die Bevölkerungsgruppe「人口集団」。年齢、性別、宗教、国籍など様々なパラメータはあるが、人口を統計上一定のパラメータで分類したときの集団 ❸ hundertjährig「100歳の」 ❹ die Zunahme「増加」

Ranking der Länder mit dem höchsten Anteil an einer Bevölkerung von über 65-Jährigen an. Während die Schweiz mit „nur“ 19,1 Prozent auf Platz 24 liegt, rangiert[5] Japan mit 28,4 Prozent auf Platz 1. Der zweite Platz geht an **Italien** mit 23,3 Prozent. Deutschland liegt mit 21,7 Prozent
15 auf Platz 6. Für 2021 sind die Zahlen noch nicht zusammengefasst[6], nach ersten Schätzungen[7] gibt es aber eine Zunahme von 0,3 Prozent bei allen vier genannten Ländern.

Weiterhin interessant ist, dass es große Unterschiede zwischen den Kantonen[8] gibt. In **Tessin** leben die meisten Seniorinnen und Senioren und
20 europaweit hat der Kanton die zweithöchste Lebenserwartung[9]. 51

Der zweite Grund für das Bevölkerungswachstum[10] ist die Zunahme von Einwanderern[11]. Im Vergleich zu vielen anderen Ländern hat die Schweiz sehr viele ausländische Bürgerinnen und Bürger. Von den in der Schweiz dauerhaft[12] lebenden Menschen haben 74,3 Prozent die Schweizer
25 Staatsangehörigkeit[13]. Rund 25,7 Prozent der Einwohner, also 2 244 200 Menschen, besitzen eine andere Nationalität. Im Vergleich zum Vorjahr wuchs die ausländische Bevölkerung um 1,5 Prozent, während bei den Schweizer Staatsangehörigen ein Anstieg[14] um 0,5 Prozent zu verzeichnen war. Im Kanton **Nidwalden** wuchs die ausländische Bevölkerung sogar
30 um 4,4 Prozent. 52

Die Zunahme der Geburten[15] ist der dritte Grund. Die Schweiz hatte 2021 einen Geburtenüberschuss[16]. Das heißt, es gab mehr Geburten als 53

---

❺ rangieren「～の順位（ランク）にいる」 ❻ zusammengefasst「まとめると」。zusammen|fassen の過去分詞 ❼ die Schätzung「見積り、評価」 ❽ der Kanton「（スイスの）州」。ドイツとオーストリアの州はBundesland（ドイツ16州、オーストリア9州）という ❾ die Lebenserwartung「平均寿命」。期待しうる生命の長さのこと ❿ das Bevölkerungswachstum「人口成長」 ⓫ der/die Einwanderer/in「移住者」 ⓬ dauerhaft「永続して」 ⓭ die Staatsangehörigkeit「国籍」 ⓮ der Anstieg「上昇、上り坂」 ⓯ die Geburt「誕生、出生」 ⓰ der Geburtenüberschuss「出生超過」。出生数が死亡数を上回っていること

Todesfälle[17]. Die Anzahl der Geburten stieg um 4,3 Prozent, während die Sterbefälle[17] um 6,6 Prozent zurückgingen. Der Kanton **Freiburg** erzielte[18] den höchsten Anstieg des Geburtenüberschusses mit 4,5 Prozent zum Vorjahr, während, wenig überraschend, Tessin den höchsten Sterbeüberschuss[19] hatte. 35

54 Es wurden 2021 so viele Kinder geboren wie seit 1972 nicht mehr. Insgesamt 89 400 neue Erdenbürger erblickten in dem Jahr in der Schweiz das Licht der Welt. Damit liegt die Anzahl der Kinder pro Frau bei 1,50, während es im Jahr 2020 nur 1,46 waren. In Japan liegt die Fertilitätsrate[20] übrigens bei 1,30, in Deutschland bei 1,53 und in Österreich bei 1,47. 40

55 Expertinnen und Experten sind sich allerdings nicht einig, weshalb die Geburtenrate[21] anstieg. Liegt es wirklich daran, dass Paare im Homeoffice arbeiten mussten, nicht reisen und ausgehen konnten und daher mehr Zeit für die Partnerschaft[22] hatten? Warum sank die Geburtenrate dann aber in **den USA**, Italien, **Spanien**, **Ungarn** und **Portugal**? Überwiegt in diesen Ländern die wirtschaftliche Unsicherheit? 45

56 Nun liegt es jedoch an der Schweiz Maßnahmen zu ergreifen, die nötig sind, damit die Geburtenrate auch weiterhin steigt oder zumindest nicht wieder sinkt. Außerdem dürften die wirtschaftlichen Folgen einer Überalterung[23] ein wichtiges Thema in vielen Schweizer Gemeinden sein. 50

➡ S.46

---

⑰ der Todesfall/Sterbefall「死亡件数」 ⑱ erzielen「達成する、獲得する」 ⑲ der Sterbeüberschuss「死亡超過」。死亡数が出生数を上回ること ⑳ die Fertilitätsrate「生殖率」。日本が使用している指標「合計特殊出生率」に相当。一人の女性が生涯に産むことが見込まれる子供の数を示したもの ㉑ die Geburtenrate「出生率」 ㉒ die Partnerschaft「パートナーシップ」。ここでは「夫婦間の関係」のこと ㉓ die Überalterung「高齢化」

Übungen und Aufgaben

Grammatik

次の形容詞・副詞の原級／比較級／最上級の表を完成させましょう。

原級	比較級	最上級
	länger	
		höchst
	mehr	
häufig		
	älter	
	weniger	

Lexik

次の表現の意味を確認しましょう。

a) vertreten sein
b) im internationalen Vergleich
c) an|führen
d) zu verzeichnen sein
e) neue Erdenbürger
f) das Licht der Welt erblicken
g) wirtschaftliche Unsicherheit
h) es liegt ～^{3} an
i) wirtschaftliche Folgen

Landeskunde

次の事柄について考えてみましょう。

1. Wie hoch war die Anzahl der Geburten und der Todesfälle in Japan in den Jahren 2020, 2021 und 2022?
2. Welche Anreize müsste Japan schaffen, damit sich mehr Paare für Kinder entscheiden?
3. In DACH ist die Zahl der Einwanderungen relativ hoch. Dies wirkt sich positiv auf den Bevölkerungswachstum aus. Wäre dies auch eine Möglichkeit für Japan? Diskutieren Sie.

Quiz

Wie viele Kantone hat die Schweiz? Recherchieren Sie: Wie heißen die Kantone? Beschriften Sie die Landkarte der Schweiz. ⇒ S. 11

KAPITEL 10

Erwachsen werden in DACH

DACH の成年は日本とどう違うのか？
いつ“大人”になったと感じるのか？

Die 18 ist eine magische Zahl in den deutschsprachigen Ländern. Die jungen Leute feiern mit ihrem 18. Geburtstag bekanntlich ihre Volljährigkeit[1]. Es gibt meistens eine große Party und auch die Geschenke fallen größer aus als üblich. Nicht wenige bekommen von ihren Eltern ein (gebrauchtes) Auto, das Geld für den Führerschein[2] oder eine Reise geschenkt.

Doch warum ist der 18. Geburtstag so wichtig und was heißt eigentlich „volljährig sein“?

Im Jahr 1975 wurde die Altersgrenze[3] für die erreichte Volljährigkeit von 21 auf 18 Jahre gesenkt. Laut Gesetz darf man in Deutschland mit 18 Jahren einen Kredit aufnehmen[4], einen Mietvertrag[5] unterschreiben, von

❶ die Volljährigkeit「成年、成人」 ❷ der Führerschein「運転免許」 ❸ die Altersgrenze「年齢の境界（義務や権利の生じる定まった年齢）」 ❹ einen Kredit aufnehmen「クレジットを設定する」

Zuhause ausziehen, ein Testament aufsetzen[6], hochprozentigen[7] Alkohol kaufen und in der Öffentlichkeit, also in Bars, auf Stadtfesten oder dem Weihnachtsmarkt, trinken. Man darf mehr als 40 Stunden in der Woche
15 arbeiten, ohne Zustimmung heiraten, man darf Zigaretten kaufen, ohne Begleitperson[8] mit dem eigenen Führerschein fahren und noch einiges mehr. In der Schweiz und in Österreich ist der 18. Geburtstag ebenfalls einer der wichtigsten Stichtage[9] im Leben eines jungen Menschen. Die Gesetzeslage[10] in den drei Ländern ähnelt sich in Bezug auf die
20 Völljährigkeit in vielen Punkten.

Obwohl man laut Gesetz mit 18 Jahren volljährig und damit das Erwachsenenstrafrecht[11] gilt, kann es in Deutschland und Österreich vorkommen, dass noch das verminderte Strafrecht, das Jugendstrafrecht[12], angewendet wird. Ab 21 Jahren ist dies dann nicht mehr der Fall. 60

25 Gesetzlich ist man ab dem 18. Lebensjahr erwachsen, doch etliche[13] junge Erwachsene fühlen sich eigentlich noch gar nicht so. Dies ergaben verschiedene Studien in den letzten Jahren. Es gibt sogar den Trend, dass man sich immer später als erwachsen wahrnimmt[14]. Viele fühlen sich erst beim Überschreiten[15] der 30er-Marke selbstständig. Denn vor allem
30 zwischen dem 30. und dem 40. Lebensjahr geschehen viele wichtige Ereignisse, die für viele Menschen als typisch erwachsen gelten[16]. Beispiele hierfür wären: die erste eigene Wohnung, ein sicherer und gut 61

---

❺ der Mietvertrag「賃 貸 契 約」 ❻ ein Testament aufsetzen「遺 言 を 作 成 す る」 ❼ hochprozentig「アルコール度数の高い」 ❽ die Begleitperson「同伴者」 ❾ der Stichtag「期日、予定日」 ❿ die Gesetzeslage「法律上の状況」 ⓫ das Erwachsenenstrafrecht「成人刑法」。解説は下記 ⓬ vermindertes Strafrecht (das Jugendstrafrecht)「少年法（軽減された刑法）」。ドイツの刑事責任年齢は 14 歳で少年法が適用される年齢は 21 歳未満。14 歳以上 18 歳未満の場合は、少年法が例外なく適用される。18 歳以上 21 歳未満の場合は、犯情などを総合的に考慮し、成人刑法を適用するか少年裁判所で少年として裁くかが決められる ⓭ etlich「少数の」 ⓮ wahr|nehmen「気づく、知覚・自覚する」 ⓯ beim Überschreiten「～を超えるとき」。überschreiten を中性名詞にしたもの ⓰ als ～ gelten「～と見なされている、～で通っている」

bezahlter Job, heiraten oder zumindest das Zusammenziehen[17] mit einer Partnerin oder einem Partner, Kinder bekommen oder der Tod eines Elternteils. 35

62 Die meisten dieser Dinge werden allerdings immer später Realität. Viele Menschen entscheiden sich[18] immer später für Kinder, die eigenen Eltern erfreuen sich glücklicherweise meistens guter Gesundheit, der Schritt, mit der Partnerin oder dem Partner zusammenzuziehen, wird immer länger hinausgezögert[19] und auch die erste eigene Wohnung lässt 40 auf sich warten. Deshalb kann man auch nachvollziehen, dass sich junge Menschen erst später als vollwertige Erwachsene ansehen oder in sich das kindliche Ideal[20] eines Erwachsenen erkennen, welches sie in ihrer Kindheit hatten. Schuld daran sind neben Entwicklungsprozessen im menschlichen Gehirn auch Veränderungen in der Gesellschaft. Immer 45 mehr junge Menschen streben höhere Schulabschlüsse oder ein Studium an, um bessere Jobchancen zu erhalten. Sie sind, obwohl viele von ihnen mit 18 oder 19 Jahren von Zuhause ausziehen, noch immer von ihren Eltern abhängig[21]. Ebenfalls ein neuer Trend ist, dass junge Menschen nach der abgeschlossenen Ausbildung[22] in die elterliche Wohnung 50 zurückkehren. Gründe hierfür sind die allgemeine Wohnungsnot und die hohen Mietpreise. Außerdem dauert es relativ lange, bis sie einen Job mit guten Arbeitsbedingungen[23] und einem angemessenen Gehalt finden. Bis sie dann auf eigenen Beinen stehen, dauert es mittlerweile länger als noch vor dreißig oder vierzig Jahren. 55

---

⑰ mit ～ ^{3} zusammen|ziehen「～ ^{3} と一緒に住む」 ⑱ sich für ～ ^{4} entscheiden「～を取ることに決める」 ⑲ hinaus|zögern「先へ延ばす」 ⑳ das kindliche Ideal「子供目線の理想像」。ここでは、自分が大人になったらこんな大人になっているはずだ、というイメージ、大人像のこと ㉑ von ～ ^{3} abhängig sein「～ ^{3} に依存している・依っている」 ㉒ die abgeschlossene Ausbildung「職業訓練修了」 ㉓ die Arbeitsbedingung「労働条件」

Übungen und Aufgaben

Grammatik

次の動詞句を、対応する形容詞や名詞に直しましょう。

a) Deutsch sprechen ⇒ ________________________ （形容詞）

b) volljährig sein ⇒ die ________________________ （名詞）

c) zu|stimmen ⇒ die ________________________ （名詞）

d) sich^4 entscheiden ⇒ die ________________________ （名詞）

e) sich^4 entwickeln ⇒ die ________________________ （名詞）

f) sich^4 verändern ⇒ die ________________________ （名詞）

Lexik

次の表現の意味を確認しましょう。

a) eine magische Zahl　b) größer ausfallen als üblich　c) in Bezug auf ～^{4}

d) die 30er-Marke　e) später Realität werden

f) sich^4 guter Gesundheit erfreuen　g) auf sich^4 warten lassen

h) auf eigenen Beinen stehen

Landeskunde

以下の設問を読み、インターネットや本で調べましょう。

1. Was darf man laut Gesetz mit 18 Jahren in Japan machen?
2. Ab wann gilt man in Japan als volljährig?
3. Diskutieren Sie: Ist man mit 16 Jahren zu jung, um Bier und Wein zu konsumieren?
4. Ab wann darf man in Japan Alkohol und Zigaretten kaufen?

DACH から届いた現地映像やインタビューをちょっと見て／聞いてみましょう。

KAPITEL 01

撮影・インタビューアー：Diana Beier-Taguchi

非常用の備蓄をしているか、また、どのような品を備蓄しているかを何人かにたずねました。

KAPITEL 02

撮影・インタビューアー：Diana Beier-Taguchi

最期にどんな願いを叶えて欲しいかを、何人かにたずねました。

KAPITEL 03

インタビューアー：Diana Beier-Taguchi　インタビュー：Menia Beier-Möbius

省エネ建築の分野で活躍する電気技術者 Menia に、インタビューをしました。2022 年の冬はエネルギー不足になるのかどうか、そしてその理由、さらに、一般家庭でどのような省エネができるのか、省エネ工法はどんな効果があるのかを話してくれました。

KAPITEL 08

撮影・インタビューアー：Diana Beier-Taguchi

クリスマスツリーとして本物の木を選ぶかどうか、その場合、どのように処分をしているかを何人かにたずねました。

KAPITEL 09

撮影・インタビューアー：Claudia Kehl

子どもを持つことに関して、2 人のドイツ人女性に意見をききました。「出生数を増やすために、政府がしなければならないことは？」「子どもを持たないことにした理由は？」

ドイツのエネルギーミックス ➡ S.12

エネルギーミックスは、ドイツで作られている発電源ごとの電力の構成比を示したものである。

調査機関と電力会社によって数字は異なるが、総合して言えば、2022 年上半期にドイツで作られた電力のおよそ半分が再生可能エネルギーによるものだったと言える。風力発電と太陽光発電で合わせて 35% 近くを占めている。全体的に見ると、風力が今や最も重要な発電源となった。とりわけ、2 月は非常に強風・暴風だった。それゆえ、風力発電のブレードがフル回転だった。3 月は前年に比べて晴天がとても多く、太陽光発電でも大きくプラス値となり、全体の発電量の 23% を占めた。しかし、風力エネルギーに比べると、太陽光エネルギーは 11% 低い。

再生可能エネルギーの割合は、ここ近年で大幅に増えている。これまでに最高だった 2020 年一年間に発電された再生可能エネルギー量の記録を、2022 年は 7 月までで塗り替えた。とりわけ、ロシアとの緊張関係のため、天然ガスと石油の輸入が減少したことは、より強力に風力発電を導入し、田舎にウィンドパークをもっと建設せよと主張する再生可能エネルギー推進派の後押しとなった。

旧来のエネルギーは今もなお重要な役割を果たしている。前年に比べて割合が高まっているのは石炭である。ドイツ全域の電力の 31% を占めている。原子力エネルギーと天然ガスはそれに対して割合が減り続けている。2030 年に予定されている石炭エネルギーの完全脱却については、いま、考え直されている。実際、2 基の火力炉が再稼働された。

▲ ウィンドパーク
写真提供：Diana Beier-Taguchi

オーストリアの負担軽減政策 ➡ S.17

コロナパンデミックとウクライナ侵攻によって、ますます多くの人々が経済的に苦しんでいる。物価も上昇している。とりわけ、食料品の値上がりは問題である。多くの人が、安い食材を買おうと苦労したり、一定のものは買うのを諦めたり、たとえば花を買うことは我慢、外食も我慢、家族や友達へのプレゼントも節約するなど、かなり切り詰めている。

しかし、我慢したり節約したりできないものもある。たとえば車での移動である。多くの人にとって、車はないと困るものである。ガソリン代の高騰は著しい負担となっている。また暖房も我慢することはできない。今年は、例年よりも低い温度で部屋を暖め、すべての部屋の暖房をつけることは控えている人が多い。しかし、氷点下の日には温度設定は上げざるをえない。このように、経済的不安や政府への不満が高まっている。国民を助けるため、ドイツ語圏の国の政府は様々な負担軽減政策を案出している。すでに実施されているものもあれば、近いうちにスタートするものもある。

オーストリアの政策の一部を紹介する。オーストリアでは、通常、子どもを持つすべての家族が家族手当を受給する。ドイツの子ども手当に相当するものである。2022 年 8 月には、子どもを持つ家族は、通常の家族手当に加えて子ども一人につき 180 ユーロの臨時支給を受けている。さらに同年 9 月、最低年金受給者、社会扶助受給者、失業手当受給者などの収入の低い人は、物価手当として 300 ユーロを臨時に受け取った。同年 10 月には、オーストリアのすべての成人に 500 ユーロ、すべての子どもに 250 ユーロの環境手当も支払われた。環境に優しい行動を支援するための手当になっており、同時に金額高騰の補填にもなっている。年金額が中程度の人は 2022 年 9 月に、1 回きりの支給として 500 ユーロまでの金額を受給している。ただし、年金額の多寡に応じて、500ユーロ全額をもらえる人ともらえない人がいたため、不満も大きい。納税額に応じて手当の額が異なることも、人々を憤らせている。

企業も、とりわけ多くのエネルギーを必要としているところは、エネルギー価格の高騰を補填する追加措置によって、負担が軽減されることになっている。

デポジット制 ➡ S.20

デポジット制は2003年にエネルギーと資源の節約を目的としてドイツに導入された。それ以来、ガラス瓶、ペットボトル、飲料缶、また多くのガラス製のヨーグルト容器にデポジットが課されている。これは、飲み物（やヨーグルト）を買うときに代金に少額が追加されており、後日スーパーマーケットや飲料販売店にあるデポジット精算機（空容器精算機とも呼ばれる）で容器を返却したときにその金額が返金される、というものである。多くの場合、精算機からクーポンが発行され、それを店内のレジで返金してもらうか、買い物の代金から差し引いて清算してもらえる。

デポジットの金額は容器の種類や性質によって異なる。ビール瓶の場合8セント（1本あたり、以下同様）を購入時に支払う（フリップトップのビール瓶やケース買いのビール瓶もデポジット対象である）。ビール瓶は何度も中身を詰め替えられる（再充填）、つまりリユースできるものである。ガラス瓶は50回まで、プラスチックボトルは25回までリユースされる。リユース容器はミネラルウォーター、レモネード、ジュース類の入れ物としても存在する。これらの容器の場合、ガラス素材でもPET素材でも15セントが課される。中身を再充填することができない、1回飲みきれば容器ごとリサイクル（再生）しなければならないタイプのボトルや缶には25セントがかけられる。

2022年にこのデポジット制が発展的に改正され、ドイツではほぼすべての飲料がデポジット対象品として売られることとなった。

特筆すべきはもうひとつ、「Pfand gehört daneben（デポジット容器は手に取れる場所に）」キャンペーンである。出先で飲み物を買って飲んだ人が全員、空容器をきちんと自宅に持ち帰るとは限らず、デポジットの返金が受けられなくなるにも関わらず途中で捨ててしまう人たちもいる。ホームレスの人たちがこのような捨てられたデポジット容器を回収（し、デポジット清算）することで生活費の一部を稼いでいる。これらの人たちが周りの目を気にしながらゴミ箱に手や体を入れなくてもいいように、デポジット容器はゴミ箱の中に捨てるのではなく、すぐ手に取れるように横に置くのである。

▶ スーパーマーケットなどにあるデポジット精算機

ドイツ、オーストリア、スイスのクリスマス ➡ S.35

クリスマスに関する習慣はドイツ語圏でもそれぞれの国で少しずつ異なるものの、共通していることもある。11月の最終日曜日、すなわち前の年に亡くなった故人を偲び、お墓の冬支度（お墓のまわりは素敵な花壇になっており、冬の季節の花に植え替えたり、花を雪や霜から守る手入れをしたり、キャンドルを灯したりする）をする「死者の日曜日」の後、待降節が始まる。そうするとクリスマスマーケットの幕開けである。仕事終わりに同僚や友達とグリューワインを飲んだり、いろんな美味しいものを食べたりする。子供たちはメリーゴーランドに乗ったり、地域によって呼び名は違う（Weihnachtsmannと呼んだりChristkindと呼んだり）もののサンタクロースや幼子イエスにクリスマスの願いを言ったりする。キャンドルやリースなどのデコレーション、クリスマスプレゼントを買ったりもできる。

12月6日は聖ニコラウスの日である。この日の風習も地域によって異なるが、少なくとも共通していることが1つある。子供たちはお菓子をもらうことができ、また多くの場合プレゼントももらえることである。スイスでは聖ニコラウスはサミクラウスと呼ばれている。待降節には、学校や会社、いろいろなクラブでクリスマスパーティが数々催される。

パーフェクトなモミの木（クリスマスツリー）探しもスタートする。ただし、ツリーをいつ飾るかは国や地域によって様々である。伝統的には12月24日のクリスマスイブ（聖夜）である。予め、両親が居間にクリスマスツリーを設置し、プレゼントも配置して、部屋は施錠しておかれる。24日の夕方になってようやく、子供たちは待ちわびた末に居間に入ることを許され、きらびやかなツリーにため息をつく。かつてはクリスマスツリーにはレープクーヘン、焼き菓子、リンゴ、木の実などで飾り付けがされていた。クリスマスクーゲルも伝統的である。クリスマス飾りの中で重要なのがクリッペである。クリスマスツリーの足下や上座などに飾られるものでイエスキリストの誕生シーンを再現した模型である。

プレゼントは、ドイツ・オーストリア・スイスの多くの地域では12月24日に渡される。ただし、教会に行く時間帯、クリッペ劇をするかどうか、あるいは聖歌隊が歌うかどうか、クリスマスミサがあるかどうかなどは地域ごと、宗派ごとにも異なっている。しかし、クリスマス準備の忙しさを経て、12月25日、26日の祝日は心静かに過ごすのは共通しているはずである。ただひとつ、自分の願っていたプレゼントを幼子イエスにもらえなかった子供たちが大泣きすることを除いては…

▲ 聖ニコラウスの日にもらったお菓子
写真提供：Diana Beier-Taguchi

写真提供：Diana Beier-Taguchi

◀ Schwibbogen と呼ばれるクリスマス飾り
写真提供：Diana Beier-Taguchi

▲ キリストの誕生シーンを再現した、クリッペ（Krippe）

表紙デザイン：

駿高泰子（Yasuco Sudaka）

写真提供：

表紙　**表・中央「H」の中**：EPA＝時事、**裏・「D」、中央「C」の中**：dpa/時事通信フォト、**その他**：Shutterstock.com

Kapitel

1、**2**、**4**、**7**、**8**、**9**、**10**：Shutterstock.com　**5**、**6**：dpa/時事通信フォト

DACH（ダッハ）・トピックス10
2023年度版

検印省略

©2023年1月30日　初版発行

著者　Diana Beier-Taguchi
田　中　雅　敏

発行者　小　川　洋一郎

発行所　株式会社　朝　日　出　版　社
101-0065　東京都千代田区西神田3-3-5
電話直通（03）3239-0271/72
https://www.asahipress.com
組版／印刷・信毎書籍印刷株式会社

ISBN978-4-255-25464-7　C1084